Couvertures supérieure et inférieure manquantes

CONFÉRENCES

FAITES DANS DIVERS DÉPARTEMENTS

PAR

LE COMTE D. DE BEAUREPAIRE

MEMBRE DE LA SOCIÉTÉ DES AGRICULTEURS DE FRANCE

SUR

LA TUNISIE

SES DIFFÉRENTS PRODUITS

L'ÉLEVAGE DU MOUTON

L'ENGRAISSEMENT DU BÉTAIL

PARIS

IMPRIMERIE PAUL DUPONT

19, RUE DU CROISSANT, 19

1898

Au moment où les regards se tournent de plus en plus vers la Tunisie, j'ai pensé qu'il était bon d'étudier les ressources qu'offre ce pays.

En thèse générale, on rencontre dans les pays nouveaux des ressources longuement accumulées. La Tunisie ne fait pas exception à la règle.

Etant située seulement à trente-six heures de la France, elle a tous les droits à un sérieux examen.

Laissez-moi vous donner quelques renseignements sur ce qu'est la Tunisie et sur le parti qu'on peut tirer de ses divers produits, surtout de ses bestiaux.

Ces renseignements, je les ai tirés tant de ma propre expérience que des auteurs les plus autorisés. — La Tunisie, que j'ai visitée avec le plus grand intérêt et qui était naguere le grenier d'abondance de l'empire Romain, compte 13 millions d'hectares, soit le quart de la France et ne contient que 1.600.000 habitants, dont 1.200.000 habitent les villes, les bourgs, les villages. Le reste est disséminé dans les gourbis.

On a généralement, en France, une idée assez fausse de ce que sont les populations de ce pays.

Prenant l'Algérie comme terme de comparaison et ne tenant compte que du voisinage des deux pays, on est tenté de croire que les populations de la Tunisie sont semblables à celles de l'Algérie.

Il existe au contraire des différences profondes entre les habitants de ces deux parties contiguës de notre domaine colonial.

Ce qui domine en Tunisie, ce n'est pas l'Arabe pur, mais le Maure, c'est-à-dire un type créé par le mélange, depuis un grand nombre de générations, du sang arabe avec celui de toutes les races et variétés humaines qui bordent la Méditerranée. Les Maures forment avec les Juifs, dont l'origine n'est pas moins obscure, la presque totalité des populations des villes. Ces deux catégories d'indigènes, très semblables par les caractères physiques, ne se distinguent que par la religion, par les habitudes sociales qui en découlent et par le genre d'occupations anxquelles ils se livrent ; les Maures étant propriétaires, fermiers et commerçants, tandis que les Juifs font partout le commerce de l'argent.

Quant aux gens des campagnes, soit qu'ils vivent à l'état plus ou moins nomade dans les gourbis en branches ou sous la tente, soit qu'ils habitent les villages permanents qui existent en grand nombre dans toutes les parties régulièrement cultivées de la Tunisie, ils appartiennent en grande partie au type Berbère.

On trouve ce type non seulement dans le Nord, où il est presque seul, mais même dans l'extrême sud de la Tunisie, parmi les tribus errantes et pastorales des frontières de la Tripolitaine.

L'Arabe pur, l'Arabe n'ayant d'autre occupation que la guerre ou le pillage, l'Arabe haineusement fanatique, uniquement pasteur et nomade, ne se livrant à aucune culture, cet Arabe n'existe pour ainsi dire pas en Tunisie.

La plupart des tribus tunisiennes, auxquelles dans le pays on donne le nom de nomades, ne le sont, en réalité, qu'à moitié.

Les tribus des grandes plaines du Sud qui, plus que les autres, méritaient cette épithète, sont toutes composées de familles se livrant à l'élevage des bestiaux (bœufs, moutons, vaches, chèvres, chameaux et chevaux).

Ce qui fait une grande différence entre l'Algérie et la Tunisie, c'est qu'en Algérie nous avons eu, depuis 1830, à batailler avec des millions d'Arabes belliqueux, tandis qu'en Tunisie, nous avons une population douce et stable.

La Tunisie présente à peu près la forme d'un grand rectangle, baigné par la mer au nord et à l'est, où ses bords sont creusés d'un grand nombre de golfes ou de baies, contigu par le bord occidental à la province algérienne de Constantine et se fondant au sud dans les espaces déserts du Sahara.

Dans le nord se trouvent deux massifs montagneux, distincts par les caractères géologiques et par la végétation qui les couvre. Les massifs sont formés par le prolongement des chaines du Tell et du Sahara qui traversent de l'ouest à l'est toute la partie septentrionale de l'Afrique.

Dans le nord-est de la Tunisie, les deux systèmes de montagnes sont plus distincts ; ils sont séparés par deux grandes vallées qui s'étendent de l'ouest à l'est jusqu'aux environs de Tunis et dans lesquelles tombent deux rivières ayant de l'eau en tout temps : la Medjerdah et la Melianah.

Dans le sud-ouest, les montagnes sont moins hautes que dans le sud, et encore moins régulièrement disposées ; elles envoient vers le sud des prolongements qui contournent à l'est le grand chott El-Djerid et vont se terminer dans les montagnes de Metmatas entre Gabès et Zarzis. — Ces diverses montagnes sont couvertes de forêts de chênes-Zen et de chênes-Liège.

Quant aux plaines de la région montagneuse de la Tunisie, elles sont presque partout formées d'une terre fertile, cultivées en bien des points par les indigènes, et presque partout susceptibles de recevoir les soins de l'agriculture et de lui payer largement le travail qu'il y dépenserait.

Les plaines de Medjerdah, de la Mélianah, celles qui entourent les lacs salés de Tunis et de Bizerte, portent les traces non seulement de la culture arabe moderne, mais encore des établissements agricoles plus anciens qu'y fondèrent tour à tour les Carthaginois et les Romains.

C'est aussi dans cette contrée qu'ont été créés récemment la plupart des domaines agricoles français. Ils sont formés de terres d'alluvion déposées par les rivières et les torrents qui les sillonnent et qui souvent les inondent pendant l'hiver. Ayant presque partout une couche d'eau souterraine peu profonde, ces plaines et les mamelons qui les bordent sont d'une admirable fécondité.

A l'est de la région montagneuse dont nous venons de tracer l'esquisse, s'étendent de vastes plaines, déprimées çà et là par des chotts dont les plus importants sont situés sur le parallèle de Gabès, dans la région où l'on a proposé de créer une mer intérieure qui s'enfoncerait jusqu'au sud du massif montagneux de l'Aurès algérien.

Les plaines orientales de Tunisie n'offrent pas partout les mêmes caractères. — On peut les diviser en deux régions, que séparerait très exactement une ligne horizontale reliant Sfax et Fériana.

Au nord de cette ligne, les pluies sont chaque année abondantes pendant l'hiver. Elles permettent une culture régulière et fertilisent les immenses prairies ; au sud, elles sont un peu plus rares, parce qu'on se rapproche du Sahara.

Mais n'oublions pas que la Tunisie a trois grands cours d'eau souterrains.

Il suffit de percer des puits artésiens à peu de profondeur, pour avoir à peu de frais toute l'eau nécessaire pour les irrigations. C'est au nord de la ligne à laquelle nous faisons allusion, entre les montagnes et la mer, que s'étalent les magnifiques plaines et coteaux de l'Enfida (*propriété qui ppartient à une compagnie française*), les plaines de Kairouan, irrigables par les eaux douces du lac de Kelbia, plaines aujourd'hui en partie incultes, mais couvertes des traces des établissements agricoles qu'y fondèrent les Romains.

C'est aussi dans cette région que se trouvent les magnifiques cultures d'oliviers du Sahel.

Les plaines situées plus au sud et qui touchent au Sahara sont plus arides, ne recevant que peu de pluie et parfois seulement tous les deux ans; mais, presque partout, sauf au niveau des chotts, elles sont formées de terres excellentes, elles portent des herbes et servent de pâturages aux troupeaux.

Pour que ces terres deviennent d'une extrême fertilité, il n'y a qu'à creuser des puits artésiens.

Or, Messieurs, au dire de certains explorateurs, il y a 800 ans, le Sahara n'existait pas. A la place de ces plaines immenses, il y avait des forêts, elles ne sont devenues désertes que par l'incurie des Arabes. J'insiste sur ce fait que, sauf dans les chotts et dans quelques parties où les bancs horizontaux du gypse se montrent à la surface du sol, les plaines du sud de la Tunisie sont susceptibles d'être cultivées. C'est dans ces grandes plaines couvertes de prairies naturelles que les Arabes Berbères élèvent les immenses troupeaux qui font la richesse de la Tunisie. Dans certaines parties pousse l'alfa, ce qui prouve que l'eau souterraine est à très peu de profondeur.

On voit que le sud de la Tunisie est loin d'être absolument stérile et improductif. — Ayant presque partout de l'eau à une faible profondeur, il pourrait, dans la plus grande partie de son étendue, être mis en culture; on pourrait améliorer les prairies si l'on amenait l'eau à la surface par les puits artésiens.

La Tunisie reçoit chaque année des pluies en grande quantité; elle est même, à cet égard, plus favorisée que l'Algérie.

Du reste, on a constaté que dans la partie septentrionale de l'Afrique les pluies sont d'autant plus abondantes qu'on avance de l'ouest à l'est en partant du Maroc, et en traversant successivement les provinces d'Oran, d'Alger et de Constantine jusqu'en Tunisie.

Dans la Tunisie, les pluies commencent avec l'automne et durent jusqu'en mars; elles sont surtout abondantes pendant les mois de décembre et de janvier où règnent les vents d'ouest et du nord-ouest. Le thermomètre ne dépasse jamais alors de 15 à 18 degrés; il n'y a pas, à proprement parler, d'hiver en Tunisie. — Ce qu'on appelle hiver est simplement la saison des pluies. — C'est cette époque qui est la plus favorable pour l'engraissement.

Le printemps commence vers la fin de février et se prolonge jusqu'à la fin de mai avec une température de 18 à 20 degrés centigrades et de rares pluies. — Les chaleurs de l'été commencent à se faire sentir dans le courant de juin; elles vont en augmentant jusque vers la fin d'août. — Le thermomètre se maintient alors d'ordinaire, entre 25 et 30 degrés, mais il monte parfois au delà de 40 degrés. — Il est rare que pendant l'été il tombe de la pluie. Il y a cependant parfois quelques orages de courte durée.

Les colons français, qui vont féconder de leur travail et de leurs capitaux les terres fertiles de la Tunisie, sont certains d'y jouir d'une entière sécurité.

Si l'on se place au point de vue général, cette sécurité est encore accrue par la nature pacifique, je dirais volontiers indolente, des habitants des villes. Ceux-ci sont le produit d'une civilisation vieillie, plus raffinée que puissante; ils songent bien davantage aux agréments et aux avantages nouveaux que notre présence peut leur procurer, qu'aux froissements produits par un changement de régime qu'ils considèrent comme une inéluctable fatalité.

Après l'éloge, il faut cependant en venir à la critique.

Leur amour de la jouissance porte les naturels du pays, plus souvent qu'il ne faudrait, à s'approprier le bien d'autrui.

Un peu de surveillance et surtout une répression sévère ont déjà mis un frein à cette disposition fâcheuse.

Avec les caractères que nous venons de tracer et la fertilité du sol, vous comprendrez alors pourquoi un grand nombre de Français se sont établis en Tunisie, et y possèdent aujourd'hui des propriétés qu'on estime à cinq cent mille hectares.

On comprendra les grands capitaux qu'a nécessités la mise en culture de ces propriétés.

Maintenant il convient d'examiner si le régime de la propriété en Tunisie est de nature à inspirer la sécurité nécessaire au développement de la colonisation.

Permettez-moi donc de vous entretenir de ce qu'on appelle les biens habous.

Un tiers du territoire tunisien est en biens habous. Ces biens sont des fondations pieuses musulmanes. Ils sont inaliénables. Les revenus servent à l'entretien d'une œuvre religieuse, de bienfaisance, ou d'utilité publique. Les mosquées et les zaouias, les hôpitaux, les établissements d'instruction, les tribunaux religieux, les puits et les fontaines, les fortifications peuvent servir d'affectation à des habous. En outre, les lois musulmanes autorisent tout particulier à constituer en habous la nue propriété de ses biens, tout en laissant à ses descendants la jouissance de l'usufruit. A l'extinction de la descendance du testateur, l'usufruit et la nue propriété se réunissent au profit de l'œuvre qui doit en bénéficier, l'immeuble restant inaliénable.

Il y a donc deux sortes de habous, les habous publics et les habous privés.

Les habous privés sont de véritables biens de substitution, ou de majorats.

Le régime des biens habous peut être susceptible d'améliorations. Tel qu'il est aujourd'hui, il est loin d'être défavorable à la colonisation.

Le bien habous, il est vrai, ne peut être l'objet d'une acquisition exempte de toute charge. C'est en ce sens qu'il est habous, c'est-à-dire captif. Mais il peut être acquis à titre d'enzel, c'est-à-dire comme une *propriété foncière grevée d'une rente perpétuelle* (art. 83, de la loi de 85, 7, 1) non rachetable.

Il n'est pas difficile de devenir enzéliste. Il y faut pourtant un concours de conditions : demande de la personne qui désire un habous à titre d'enzel, consentement de l'administration, entente sur une rente minimum, enchères publiques fixant définitivement la rente, adjudication à l'enchérisseur.

Comme instrument de crédit, l'enzel-habous, ainsi que tout autre enzel, est susceptible d'hypothèque (art. 233, loi 85, 7, 1). C'est un bon gage, en ce sens qu'il est immatriculé, partant délimité, borné, à l'abri de la surprise des actions en nullité, en résolution, en rescision, imprescriptible, exactement déterminé physiquement et juridiquement. Il a été plus de trente fois l'objet d'une constitution d'hypothèque (avec inscription sur le titre d'immatriculation); sorte de seconde hypothèque, à vrai dire : le crédit-rentier de l'enzel étant privilégié comme un premier prêteur hypothécaire, puisque le paiement de la rente d'enzel passe avant tout autre. L'enzel comportera toujours davantage des constitutions d'hypothèques, les terres augmentant de valeur, au lieu que la rente, en général peu élevée, est toujours la même.

Quant à la transmission, l'enzéliste de biens habous peut transférer son droit; mais il doit faire approuver le transfert par le président de l'administration des habous.

L'enzéliste est comme un propriétaire qui aurait fait un emprunt, et qui devrait une rente perpétuelle, non rachetable; s'il ne paie pas la rente. il peut être forcé d'abandonner son immeuble. Mais, circonstance très favorable, il ne peut être recherché par action personnelle que pour deux ans d'arrérages. Si c'est un colon qui ne dispose pas de grands capitaux, n'ayant à payer qu'une rente, il peut consacrer la plus grande partie de ses capitaux, à l'exploitation de sa propriété.

L'enzel d'un bien privé non habous peut se transformer en propriété, si le crédit rentier y consent.

Cependant l'enzéliste ne peut jamais forcer le bénéficiaire de la rente à cette transformation.

Voici quelques dispositions du cahier des charges imposé à l'enzéliste :

« Art. 5. — L'adjudicataire s'engage à entretenir la propriété en bon état, et à l'exploiter en bon père de famille...

« Art. 6. — L'administration des habous de laquelle relève le fonds se réserve le droit de faire visiter, au moins deux fois dans l'année, l'immeuble tenu à enzel pour constater si les engagements pris par l'enzéliste ont été observés. Ces visites auront lieu sans que l'enzéliste puisse s'y opposer ou y mettre obstacle, en raison de sa qualité, ou de sa nationalité. »

*

Y aurait-il avantage à modifier cette législation et à étendre le droit de propriété en facilitant la transformation de l'enzel en vente définitive ?

Cette question est l'objet d'études sérieuses, tant de la part de la Société des agriculteurs de France que du gouvernement.

Elle a déjà été traitée à la section des relations internationales et coloniales de la Société des agriculteurs de France dans sa séance du 6 février 1893.

Quant aux propriétés libres, on les achète et on les vend comme on fait en France. Le Gouvernement Beylical a promulgué une loi qui ordonne que toute vente soit immatriculée. Donc, quand un Français achètera un bien, qu'il soit libre ou enzélisé, il fera bien de stipuler qu'il ne paiera qu'après l'immatriculation du contrat. Cela coupe court à toute espèce de différend.

Après avoir démontré ce qu'est la population de la Tunisie et vous avoir fait connaître la fertilité de son sol, son climat, les coutumes qui régissent la propriété, nous allons examiner les questions qui touchent à l'agriculture dans ce pays.

Une des cultures les plus productives, surtout dans le Sahal et dans la province de Sfax, est la culture de l'olivier.

Dans cette contrée, la propriété était mal définie à cause des terrains domaniaux connus sous le nom de « Terres siatines »; mais le gouvernement, par un décret récent, a réglé la situation et actuellement vend l'hectare à raison de 10 francs, dont 5 francs payés comptant et 5 francs six mois après.

L'olivier rapporte 2 francs par pied à l'âge de 7 ans et de 5 à 6 francs à l'âge de 15 ans : le revenu augmente tous les ans.

Le développement de cette culture est tel que depuis cinq ans, dans cette seule année, 56 moulins à huile, dont 9 à vapeur, ont été montés par des Européens presque tous Français.

Actuellement, les demandes d'achats de terre pour cette même culture s'élèvent à 18.000 hectares, ce qui comporte une plantation de plusieurs millions d'oliviers.

L'huile d'olive se vend 0 fr. 85 cent. le kilo et est bien supérieure à celle de Provence.

Le port de Sousse a vu augmenter dans de grandes proportions son exportation d'huile.

Les terres conviennent encore admirablement à la vigne.

Aujourd'hui, il y a 5.490 hectares de vignobles ; la production du vin a été en 1891 de 105.000 hectolitres, ce qui fait 21 hectolitres à l'hectare.

La production augmente naturellement avec l'âge de la vigne ; il y a eu des récoltes qui ont produit 45 hectolitres à l'hectare.

Il convient d'ajouter que l'installation des vignobles a coûté fort cher : 3.000 francs par hectare à Hammam-Lif, chez M. Félix Potin ; 4.000 francs par hectare à Schouiggui, chez le commandant Gerodias ; et cela parce que d'abord il fallait arracher à la pioche les souches de lentisques et ensuite parce qu'il fallait défoncer le terrain.

J'ai été informé qu'à la suite de mes premières conférences en Champagne, plusieurs personnes avaient acheté des terres en Tunisie dans l'intention d'y planter des vignes et de greffer sur ces vignes des vignes de Champagne. Je fais des vœux sincères pour la réussite de ces essais.

Quant à la culture du blé, elle progresse tous les jours. L'hectare cultivé à la mode Berbère — c'est-à-dire en écorchant seulement la terre — produit 10 hectolitres. Mais si on cultive comme en France, on arrive à un rendement de 16 à 22 hectolitres.

La surface ensemencée en céréales était en 1881 de 378.670 hectares. En 1891 on est arrivé à 825 240 hectares.

Aussi l'exportation qui était en 1886 de 12.378.000 francs, a-t-elle atteint en 1891 25.069.000 francs.

Le fermage est réglé par le système du métayage.

Les primeurs sont aussi une source inépuisable de richesses. L'Algérie en a exporté en 1891 pour près de 180 millions. La Tunisie n'en a exporté que pour 20 millions. C'est l'Algérie et la Tunisie qui, du 15 décembre à la fin d'avril, fournissent la France, l'Angleterre, l'Allemagne, la Russie et tout le Nord. 1 hectare de pommes de terre rapporte 1.100 francs, 1 hectare d'artichauts 3.000 francs, 1 hectare de haricots verts 2.200 francs, 1 hectare d'orangers 1.500 francs, lorsque la plantation a atteint l'âge de 15 ans.

Jamais le travail n'a été mieux rémunéré que par tout ce qui touche à la culture en Tunisie.

Maintenant il reste à nous occuper de l'élevage du mouton et de l'engraissement du bétail.

Nous ne craignons pas de le dire, l'élevage du mouton en

Tunisie est appelé à un grand avenir et fera certainement la richesse de ceux qui s'y livreront.

Nombre de Français l'ont compris, et il me semble que je ne puis mieux faire que de citer le rapport que vient d'adresser le Directeur de l'Agriculture Tunisienne au nouveau résident, M. Rouvier, qui en a adopté les conclusions.

« Jusqu'ici l'élevage du mouton n'avait été tenté en » Tunisie que par un petit nombre de colons et n'avait pas » fait de progrès parmi les indigènes. La Tunisie cependant » pourrait élever un troupeau plus que double de celui » qu'elle possède et devrait exporter 250.000 têtes, tandis » qu'elle n'en exporte qu'une douzaine de mille, alors que » l'exportation d'Algérie atteint un million de têtes.

» C'est que la race actuellement existante en Tunisie, le » barbarin à grosse queue, ne convient pas à la consomma-» tion française; sa viande n'est pas « marchande ». Que » l'éleveur modifie la race et aussitôt ses envois prendront » sur les marchés français la place qu'ils devraient y avoir » à côté de ceux d'Algérie.

» Par quelle race remplacer le barbarin à grosse queue? » Tel est le problème qui se pose.

» La solution en a été étudiée et trouvée; c'est le barbarin » à queue fine qu'il faut lui substituer tout d'abord, c'est-à-» dire la race algérienne qui est connue et classée sur les » marchés français; cette race sera ensuite elle-même amé-» liorée par sélection et par croisement avec les mérinos de » la Crau. Tous les essais de cette nature faits en Algérie ont » parfaitement réussi.

Comme exemple des résultats que l'on peut obtenir, M. le Directeur de l'*Agriculture* met sous les yeux du public ceux obtenus dans quelques fermes de la Régence.

« Dans sa ferme de Schouiggui, rien qu'avec des moutons » indigènes, à grosse queue, le commandant Gerodias a fait » en 1891 un bénéfice de 1.520 francs avec un capital d'achat » de 5.695 francs, soit un peu plus de 26 0/0.

» M. Savignon, propriétaire de la ferme de Bir-Kassa, » n'élève que des animaux de race algérienne; avec un » capital d'achat de 4.473 francs, il a obtenu, en 1891, près de » 1.000 francs de bénéfices, soit plus de 20 0/0.

» M. Robert, un éleveur de la région de Sousse, qui a » voulu essayer la transformation du barbarin indigène par

» un croisement avec les mérinos de la Crau, considère ses
» essais comme ayant pleinement réussi. Avec un capital
» d'achat de 2.807 francs, il a fait, en 1891, un bénéfice de
» 1.200 francs, soit plus de 45 0/0 ; en 1895, avec un capital
» d'achat de 3.480 francs, il a obtenu un excédent de 1.727
» francs, soit plus de 40 0/0 de bénéfice.

« Ces exemples suffisent ; ils montrent quels superbes
« profits retireraient de l'élevage en Tunisie ceux qui s'orga-
« niseraient en vue de l'approvisionnement des grands
« marchés français.

« Ces éleveurs ont importé à leurs risques et périls les
« béliers de la Crau et d'Algérie ; ceux qui les imiteront
« n'auront même plus à redouter cet aléa. Le gouvernement
« Tunisien, en effet, a décidé fort sagement d'importer
« lui-même les sujets destinés à l'amélioration du troupeau
« et de les céder aux colons au prix net d'achat, prenant
« à sa charge les frais de transport et les pertes possibles. »

Il est un point sur lequel je ne suis pas d'accord avec ce
rapport. C'est sur l'importation exclusive en Tunisie des
barberins à queue fine d'Algérie. J'aimerais aussi voir
importer les mérinos d'Espagne et ceux de Bessarabie. Une
chose généralement ignorée est que ces races sont origi-
naires de la Tunisie. La Tunisie les a laissées se perdre. Pour
les refaire, il n'y a qu'à faire venir quelques têtes d'Espagne
et de Bessarabie. En peu de temps le barbarin à grosse queue
aura disparu et on aura une laine de qualité supérieure qui
pourra rivaliser avec celles d'Australie et de La Plata, en
même temps que la viande se vendra facilement en France.

Je me permettrai encore de vous parler des efforts de
M. Edouard Pruvost, de Tourcoing, qui me pardonnera de le
nommer, dans sa propriété de Mrira, située entre Tunis et
Zaghouan ; celui-ci possède un troupeau de 1.600 têtes ; il
a fait venir de la Crau les plus beaux béliers ; l'année
dernière, au concours de Tunis, il a eu la première médaille
d'or pour sa race ovine.

En Tunisie, on compte approximativement 1 million 200.000
moutons et la Tunisie peut facilement en élever près de
25 millions.

Ce qui domine parmi le bétail élevé en Tunisie, ce sont les
moutons, les chèvres et les bœufs. On estime les bœufs à
1 million de têtes.

Les chevaux appartiennent à la race arabe.

Les animaux dont nous venons de parler sont tous élevés en plein air. Les chevaux sont souvent abrités sous de petits hangars en branchages. Quant aux chameaux, aux ânes, aux bœufs, aux moutons et aux chèvres, ils vivent constamment dehors.

Les meilleures prairies se trouvent dans les plaines que traverse le cours inférieur de la Medjerdah, entre Utique et Porto-Farina, celles qui bordent les parties les plus basses de l'oued Milianah, et, près de Soliman, les plaines qui entourent l'Oued Bezirk, au point où il va se déverser dans le golfe de Tunis.

Plus au sud, citons les parties basses de l'Enfida, le pourtour du lac de Keibia entre Sousse et Kairouan.

Dans ces lieux et un grand nombre d'autres, il serait aisé de créer de magnifiques prairies. — Déjà des efforts, couronnés de succès, ont été faits dans ce sens par quelques propriétaires français.

Citons comme exemple le domaine de Sahali :

Ce domaine est de 7.000 hectares. Il est situé entre Sousse et Kairouan. Il est baigné au nord par le lac Kelbia ; il est recouvert de nombreuses sources au nombre de 32, dont 3 puits artésiens ; il est arrosé à l'est par trois bras de l'oued Zéraud qui se déverse dans le lac.

Il faut aussi parler des prairies qui entourent le lac de Achkel et qui vont jusqu'à Mateur. Ces prairies peuvent être arrosées par la rivière la Jounine ; il faudrait un barrage dont la construction est quant à présent décidée avec l'autorisation des Ponts et Chaussées.

Cette propriété a une superficie de 8 à 9.000 hectares. Une société française, la *Franco-Tunisienne*, a loué cette propriété avec promesse de vente.

Quant aux troupeaux indigènes, pendant la saison des pluies, ils paissent dans les parties tout à fait incultes du pays et se dirigent vers le sud. Grâce aux pluies abondantes dans cette saison, les animaux trouvent facilement à vivre. Quand l'été arrive, les troupeaux remontent vers le nord.

En effet, le Tunisien est insouciant, il n'a pas la prévoyance de nos éleveurs français, qui ont soin d'emmagasiner les fourrages nécessaires à la nourriture du bétail pour les mois de sécheresse de juillet, août et septembre, ce qui fait que, malgré la fécondité du pays, malgré la possibilité dont je vous parlais tout à l'heure d'avoir, grâce à des irrigations, du fourrage pendant l'année entière, le Tunisien qui n'emploie pas ces moyens arrive fatalement à l'époque de la sécheresse sans pouvoir nourrir tout son bétail.

A cette époque, les pasteurs vendent à n'importe quel prix.

Pour vous en donner un exemple, le prix moyen d'un bœuf est de 80 à 90 francs. A ce moment-là on peut l'acheter de 40 à 60 francs. Le mouton, qui ordinairement vaut 10 à 15 francs, s'achète de 5 à 6 francs.

Il faut bien vous convaincre que l'élevage en Tunisie n'est soumis à aucune règle, que le bétail n'y reçoit aucun soin. — On laisse les animaux s'accoupler librement sans se préoccuper du choix des reproducteurs. Quant aux agneaux, aux chevreaux, aux génisses et aux veaux, ils se tirent d'affaire comme ils peuvent. Personne ne s'occupe de leur alimentation, personne non plus ne se donne la peine de fixer l'âge où ils commencent à se reproduire. Par suite de cette négligence qui date de bien des siècles, les races se sont graduellement appauvries, elles ont diminué de taille, ce qui ne les empêche pas même dans cet état, de donner une viande excellente.

Vous voyez donc qu'il y a en Tunisie des éléments d'affaires essentiellement rémunératrices. — Mais là n'est pas le seul point de vue auquel nous devons nous placer.

Encourager les tentatives ayant pour but l'engraissement du bétail et la production de la laine en Tunisie est une entreprise éminemment patriotique.

Au point de vue de nos finances françaises, elle est de plus haute importance. Elle est patriotique parce qu'elle nous attache absolument la Tunisie. Il ne faut pas oublier que la Tunisie tout en étant à nous, bien à nous, est le point de mire de l'influence italienne. — Avec l'Italie, ce serait la triple alliance qui s'y implanterait et ne se ferait pas faute d'y battre en brèche notre domination. — En encourageant les entreprises du genre de celles dont je vous parle, vous détermineriez beaucoup de Français à imiter l'exemple de ceux de leurs concitoyens, qui déjà se sont installés dans notre colonie et qui ont été les meilleurs agents de sa soumission entière.

Au point de vue de nos finances, elle est importante parce qu'elle nous affranchit de l'étranger.

Quoi qu'on puisse dire, quoi qu'on puisse faire, la France ne peut à elle seule suffire aux besoins de son industrie.

Aujourd'hui l'ouvrier, le paysan, le cultivateur mangent de la viande au moins une fois par jour. Autrefois ils en mangeaient une fois par semaine. De là de nouveaux besoins qu'il faut satisfaire. Or l'agriculture a eu enfin la satisfaction de voir le Parlement faire droit à une partie de ses revendications. Le nouveau tarif douanier lui permettra de tirer un meilleur revenu de l'élevage de son bétail. Il ne faudrait pourtant pas, dans son intérêt même, que la viande montât à un prix trop élevé. Je dis dans son intérêt même, car si la viande devenait inabordable aux petites bourses, cette circonstance aurait certainement pour conséquence le retrait de la nouvelle loi et le retour aux errements qui nous faisaient tributaires de l'Allemagne.

En effet, il est impossible de priver l'ouvrier d'une alimentation qui lui est nécessaire.

Les libre-échangistes l'ont bien compris. Se sentant battus d'avance, ils ont abandonné la consommation pour se retrancher derrière les matières premières. — C'était un piège tendu à l'agriculture.

Rappelez-vous le mot de M. Léon Say : « Laissons, disait-il, les protectionnistes poursuivre leur folie, les événements et les circonstances nous donneront raison et nous permettront de réformer la loi ».

Il s'agit donc de tenir une balance équitable entre la production et la consommation.

C'est la Tunisie et l'Algérie qui nous en offriront le moyen.

Maintenant, à côté de cette question d'alimentation pour laquelle nous étions et pourrions redevenir les tributaires de l'Allemagne, il y a la question industrielle pour laquelle nous sommes tributaires de l'Angleterre. — Si la France ne peut donner toute la viande indispensable à sa consommation, elle peut encore moins produire toute la laine nécessaire à la filature. N'oublions pas qu'il y a près de 1 million 200.000 moutons en Tunisie.

L'industrie est obligée de demander à l'Australie le surplus de ce que lui fournit la France.

De ce chef, ce sont 200 millions que chaque année nous payons aux Anglais, et 100 millions à la Plata dont le marché est, pour la France, à Mazamet (Tarn).

Tout cœur vraiment français ne doit-il pas saigner à la pensée d'un pareil état de choses ? Ne doit-il pas chercher à affranchir son pays d'un aussi lourd tribut ? N'a-t-il pas lieu de se réjouir à l'espérance que les importations Tunisiennes et Algériennes peuvent remplacer avantageusement les importations étrangères ? J'ai donc raison de dire que, s'intéresser aux entreprises établies dans ces colonies, c'est faire œuvre patriotique et intelligente. N'est-ce pas concourir à la prospérité générale du pays que de favoriser nos colons plutôt que de porter notre argent ou à l'Allemagne, ou à l'Angleterre ou à La Plata ?

Et cela, en augmentant sa propre fortune, en assurant à ses capitaux non seulement un intérêt élevé, mais encore une plus-value considérable.

Si l'élevage du mouton en Tunisie est une source de gros bénéfices, on peut dire que l'industrie de l'achat, de l'engraissement et de la revente des bœufs est encore bien autrement rémunératrice.

Pour m'en convaincre, je n'ai qu'à examiner les résultats obtenus de 1820 à 1891 par M. Jules Duprez dont la notoriété est bien établie à Tunis pour sa connaissance approfondie du bétail.

———

BÉNÉFICES

Bœufs vendus en France

1890-1891

Vente à Toulon (*bœufs demi-gras*)...... 1.140		
Vente à Marseille (*bœufs gras*)......... 670	} 2.135	
Vente à Lyon (*bœufs gras*)............. 325		
Ces 2.135 bœufs ont coûté 93 fr. 50 par tête.Fr.	199.622	»
Ils ont été vendus en moyenne au prix de 205 fr.	438.600	»
Différence.........	238.978	»
De cette somme de.................	238.978	»
Il faut déduire :		
Frais d'embarquement, factage, etc., par tête 22 francs.............. 46.970 »	} 56.000	»
Frais généraux d'administration, etc. 10.000 »		
Reste bénéfice.........	182.000	»

Les bénéfices ont été de 85 fr. 25 par bœuf, soit, pour les 2.135, un bénéfice net de 182.008 francs et ce chiffre n'est calculé que sur le prix moyen du bœuf à 93 fr. 50 et non sur le prix de morte saison (c'est-à-dire de sécheresse) qui varie de 40 à 60 francs. Vous voyez de combien les bénéfices peuvent être augmentés.

Ce bénéfice, quelqu'extraordinaire qu'il paraisse, est l'expression de la vérité; il a été contrôlé par des agents envoyés à Marseille, qui ont procédé fort simplement, ayant en main des documents *officiels de la douane de Tunisie*, délivrés au moment de l'embarquement à la Goulette, pour servir de *certificats d'origine*; ces documents consistent en fiches, donnant le nombre et le *prix d'achat* des bœufs à expédier.

Tenant, d'un autre côté, les bordereaux du commissionnaire en bestiaux de Marseille, qui a vendu les mêmes bœufs, on a constaté la différence, qui représente toute l'opération, dont l'exposé ci-dessus n'est que la traduction littérale.

Bulletin et Bordereau

Copiés sur des pièces officielles :

Nous donnons ici comme exemple une copie du bulletin des douanes, extrait de la pièce officielle, et celle du bordereau de Félicien Ollivier.

Administration des contributions diverses.

Marché aux Bestiaux

Nº 26.174.

Reçu de M. Jules Duprez la somme de six piastres, droits sur un bœuf.

D'une valeur déclarée de 153 piastres.

Nombre des animaux destinés à la boucherie.

Tunis, le 20 septembre 1890.

Le Receveur,
Tude-Guy

Félicien OLLIVIER et Cⁱᵉ

Commissionnaires en Bestiaux, Marseille

Nº 236

221, Avenue d'Arenc.

Marseille, le 16 mai 1891.

Compte de vente à 37 bœufs reçus par *Président Troplong*, du 11 courant, de M. Jules Duprez, Tunis.

FRAIS			QUANTITÉS VENDUES	Spécification	POIDS	PRIX aux 100 kilos	OBSERVATIONS	SOMMES
Nolis, etc.	521 fr.	70						
Wagon	»	»	35	Bœufs	6.188	132		8.168 fr. 10
Herbe	55	50						
Hommes			2	id.	373.500	125		466 fr. 95
Passe-debout, octroi	3	70						
Assurance	9	25						
Billets de poids	30	»	37					
Habillage	5	55						
Dépêches	2	30						
Frais de versement	24	50					Vente brute..	8.635 fr. 10
							Frais	763 50
Commission	111	»						
Total des frais	763 fr. 50						Net	7.871 fr. 60

Les 37 bœufs dont le bordereau de vente précède ont été payés en moyenne 156 piastres, ce prix résulte de bulletins officiels semblables à celui que nous publions ci-dessus. Ces 37 bêtes ont pu être vendues pour 7.871 francs ainsi que l'indique le tableau de la maison Félicien Ollivier, de sorte que, prenant la moyenne, nous trouvons que le bœuf a été vendu, frais déduits, à 213 francs. Or, 156 piastres, prix de revient, à 0 60 la piastre tunisienne, font 93 fr. 60, d'où il résulte un bénéfice absolument certain de *cent dix-neuf francs quarante centimes.*

Il est certain que ce bénéfice est extraordinaire et ne peut être considéré comme un revenu normal.

En premier lieu, les bœufs indigènes ont subi une légère augmentation. Mais on peut encore compter sur un bénéfice ordinaire de 40 à 50 francs par bœuf.

Nous croyons qu'on peut faire deux levées par an; mais dans les prairies irriguées comme le seront celles de Mateur, quand le barrage de la Jounine sera fait, on pourra aller jusqu'à trois levées.

On entend par levée la vente du bétail gras et son remplacement par le bétail maigre.

Quand je vous disais tout à l'heure que le bénéfice fait par M. Jules Duprez, en 1892, n'était pas un bénéfice normal, je me dégageais des préoccupations que doit créer la situation faite au bétail indigène par la sécheresse subie en 1893. Le tiers du bétail français ayant dû être vendu à vil prix et abattu, nous allons nous trouver en face d'une grande pénurie — pour ne pas dire disette — de viande de boucherie. Cette pénurie durera au moins pendant les années 1894, 1895, 1896, car ce laps de trois ans est nécessaire pour reconstituer notre cheptel. Si on tient compte — et on doit le faire — de cette situation, on reconnaîtra que les bénéfices ci-dessus énoncés seront très probablement dépassés.

Pour terminer, un mot sur l'importation des laines et du bétail en France.

L'importation des laines en France est de 395.000.000 francs.

La production de la laine en France est de 118.000.000.

L'exportation de la laine brute est de 169.000.000,

La consommation est de 344.000.000.

En 1888, on a compté 1.282.000 quintaux de laines étrangères restant en France.

Pour pouvoir lutter contre l'entrée des laines étrangères, il nous faudrait en plus de ce que possèdent actuellement la France, l'Algérie et la Tunisie, 85.000.000 de moutons.

Quant aux moutons, la France en possède 23 millions, l'Algérie 16 millions, la Tunisie 1 million 200.000, total : 40 millions 200.000.

En 1892 il est entré, tant de l'Algérie que de la Tunisie, 1.200.000 moutons pour la boucherie. Il est entré aussi pour le même usage 12.000 bœufs.

Malgré ce que fournit la France, l'Algérie et la Tunisie, il entre *aujourd'hui, d'Allemagne et d'Italie, 60.000 moutons par mois et pour 4 millions de francs par mois de gros bétail tant sur pied qu'abattu.*

On reconnaît qu'en Algérie l'engraissement du bétail ne se fait pas bien, le terrain est trop sec, tandis qu'en Tunisie, la richesse du sol est bien plus favorable pour l'engraissement du gros bétail.

De tout ce qui précède on peut conclure que les capitaux qui se dirigeraient vers la Tunisie, y trouveraient un intérêt plus que rémunérateur.

Ce qui fait la fortune d'une nation, c'est son agriculture, son industrie et son commerce.

Il est à désirer que la France désapprenne le chemin de la Bourse.

Depuis 1880, les cataclysmes purement financiers, dûment constatés, lui coûtent plus de trois milliards.

NOTE

Tunis, 20 mars 1892.

Le *Journal officiel* tunisien publie cinq décrets qui vont faciliter l'acquisition pour les Européens de propriétés indigènes. Le prix de l'immatriculation est réduit dans des proportions considérables. Il est ainsi fixé : de 0 à 100 hectares, 1 franc par hectare ; de 100 à 500 hectares, 100 francs et 75 centimes par hectare en plus jusqu'à 1.000. A partir de 1.000 à 10.000 hectares, 400 francs et 50 centimes par hectare en plus. Après 10.000 hectares on paie 650 francs plus 25 centimes par hectare. De plus, 9 pour mille de la valeur des immeubles.

Un sixième décret donne à toute personne poursuivant

une vente immobilière devant les tribunaux français le moyen de faire concorder la procédure de la vente et celle de l'immatriculation. La juridiction française sera ainsi désormais tout entière appliquée.

Ces décrets assurent l'avenir de la colonisation en Tunisie en donnant à la propriété une base inébranlable.

*
* *

Voici les noms des membres du *Syndicat agricole des colons français en Tunisie*, dont le siège social est, 19, rue Louis-le-Grand, à Paris, dans les bureaux de l'*Union des syndicats agricoles de France*.

On verra par sa composition toute l'importance que prend notre colonie en Tunisie.

Le comité a été formé pour défendre les intérêts agricoles, industriels, commerciaux, de l'élevage et de l'engraissement du bétail, pour obtenir la création des voies ferrées, et enfin y attirer le plus de colons français possible.

La liste du comité est trop longue pour que nous mettions tous les noms; nous ne donnons que les plus connus du public :

M. D'Aurignac, Romain, propriétaire à Bir-Chana, près Zaghouan, et 65, avenue de la Grande-Armée, à Paris.

M. Bloch, Léonce, propriétaire à l'Oued-Ramel et à El-Menchar, et 7, rue du Berry, à Paris.

M. Bonnard, Paul, propriétaire à Rhermane et à Elfallahine, et 15, rue de la Planche, à Paris.

M. Cavaillon, administrateur de la Société des Huileries du Sahel à Sousse, et à Salon (Bouches-du-Rhône).

M. Chapelle, secrétaire de la Compagnie Tunisienne Foncière, Agricole et Industrielle, 8, rue Drouot, à Paris.

M. A. Couvreux fils, entrepreneur de travaux publics à Bizerte, 78, rue d'Anjou, à Paris.

Crédit foncier de Tunisie, 8, rue de la Michodière, à Paris.

M. Dautresme père, propriétaire au Kanguat, et 64, rue Jeanne-d'Arc, à Rouen (Seine-Inférieure).

M. Dautresme, David, propriétaire au Kanguat, *Vice-Président du Syndicat*, auditeur au Conseil d'Etat, 14, rue de Matignon, à Paris.

M. Dubois, Albert, propriétaire à Gamart, 8, rue Lincoln, à Paris.

M. Duportal, directeur général de Bône-Guelma, propriétaire à l'Oued-Zergua, et 7, rue d'Astorg, à Paris.

M. Durand, Charles, propriétaire à Utique, à Mograne, à Fondouck-Djedid, à la Kélida, à Gamart, administrateur-délégué de la Compagnie du Gaz et des Eaux de Tunis, *Vice-Président du Syndicat*, à Paris, 12, rue Vivienne.

M. Géry, Charles, ancien Conseiller d'Etat, président honoraire de la Compagnie Bône-Guelma, propriétaire à Soubria, à l'Oued-Zergua, à El-Hari, à Bordtoun et à Grombalia, et 154, boulevard Haussmann.

M. Gillet, Joseph, propriétaire au Kanguat, et 10, quai de Serin, à Lyon (Rhône).

M. Humbert, ancien député, propriétaire à Bir-Chana, près Zaghouan, et 65, avenue de la Grande-Armée, à Paris.

M. Lallemand, propriétaire au Kanguat, et 26, avenue Carnot, à Paris.

M. Leroy-Beaulieu, Anatole, membre de l'Institut, propriétaire à Schuiggui, et 69, rue Pigalle, à Paris.

M. Leroy-Beaulieu, Paul, membre de l'Institut, propriétaire à Schuiggui, et 37, avenue du Bois-de-Boulogne, à Paris.

M. de Montalivet, Georges, propriétaire à Schuiggui, et 14, rue Roquépine, à Paris.

M. de Montalivet, Pierre, propriétaire à Schuiggui, et 29, rue d'Astorg, à Paris.

M. de Montalivet, Charles, propriétaire à Schuiggui, et 37, rue Moyenne, à Bourges (Cher).

Vicomte de Montureux, propriétaire à Mesratya, *Secrétaire du Syndicat*, 11, rue d'Argenson, à Paris.

N. Noël, Octave, propriétaire à l'Oued-Zergua, administrateur de la Société Franco-Africaine de l'Enfida, et 70 *bis*, rue de l'Université, à Paris.

M. Ossude, administrateur délégué de la Compagnie Franco-Tunisienne de transports, 10, avenue Mac-Mahon, à Paris.

M. Pereire, Eugène, président du Conseil d'administration de la Compagnie Générale Transatlantique, 45, rue du Faubourg Saint-Honoré, à Paris.

M. Picot, Georges, membre de l'Institut, propriétaire à Schuiggui, *Président du Syndicat*, 54, rue Pigalle, à Paris.

M. Potin, Paul, propriétaire à Bordj Cedria, et 47, boulevard Malesherbes, à Paris.

M. Rey, président de la Société Franco-Africaine de l'Enfida, et 50, Chaussée-d'Antin, à Paris.

M. Savignon, Henri, propriétaire à Bir Kassaa, *Trésorier du Syndicat*, 19, avenue de l'Opéra, à Paris.

Président :

M. GEORGES PICOT, membre de l'Institut.

Vice-Présidents :

M. CHARLES DURAND ; M. DAVID DAUTRESME.

Trésorier :   *Secrétaire général :*

M. HENRI SAVIGNON ;   M. DE MONTUREUX.

Le gouvernement Tunisien a concédé les lignes de chemins de fer suivantes :

1° De Tunis à Sousse par Zaghouan et l'Enfida ;

2° Tunis à Hammamet par Hammam-Lif et Goromballa, avec embranchement sur Soliman et Kelibia ;

3° Djedeida (25 kilomètres de Tunis) à Bizerte par Mateur (la ligne ouvre en mars jusqu'à Mateur) ;

4° Sousse à Moknine et plus tard à Sfax.

Le total de l'ensemble de ces lignes est de 450 kilomètres.

Paris. — Imprimerie Paul Dupont, 19 rue du Croissant. 1-2-93.

www.ingramcontent.com/pod-product-compliance
Lightning Source LLC
LaVergne TN
LVHW051131060726
842526LV00006B/2007